Jürgen Zeller

Behütet und getröstet wunderbar

Jürgen Zeller

Behütet und getröstet wunderbar

Eine Erhebung zum Sterbesegen

Fromm Verlag

Imprint

Any brand names and product names mentioned in this book are subject to trademark, brand or patent protection and are trademarks or registered trademarks of their respective holders. The use of brand names, product names, common names, trade names, product descriptions etc. even without a particular marking in this work is in no way to be construed to mean that such names may be regarded as unrestricted in respect of trademark and brand protection legislation and could thus be used by anyone.

Cover image: www.ingimage.com

Publisher:
Fromm Verlag
is a trademark of
International Book Market Service Ltd., member of OmniScriptum Publishing Group
17 Meldrum Street, Beau Bassin 71504, Mauritius

Printed at: see last page
ISBN: 978-620-2-44250-3

Inhaltsverzeichnis

Vorwort 9

1. ***Der Sterbesegen***

1.1 Einführung: Seelsorge mit ihrer liturgisch-rituellen Kompetenz 11

1.2 Der Sterbesegen 14

1.2.1 Entstehung, Geschichte und Intention 14

1.2.2 Struktur und Segensformel 17

1.2.3 Feierformen (Rottenburg-Stuttgart, Ulm und Würzburg) 19

2. ***Die Erhebung***

2.1 Ziel, Methodik und Art der Durchführung 22

2.2 Einbindung der Klinikseelsorge in Ulm und Bad Kissingen 25

2.3 Der Fragebogen 26

2.3.1 Aufbau und Inhalt 26

2.3.2 Beschreibung 29

2.4 Auswertungen 32

2.4.1 Übersicht (Zehn Grafiken mit Erläuterungen) 33

2.4.2 Ausführliche Beschreibung 43

2.4.3 Einsichten (Ergebnisse) 48

2.4.4 Folgerungen und Anregungen 50

Literaturverzeichnis 53

Vorwort

In den Jahren 2015 bis 2017 habe ich eine Ausbildung zum Trauerbegleiter nach dem Modell Trauer erschließen® von Dr. Ruthmarijke Smeding in Mainz absolviert.

Im Rahmen der Abschlussarbeit zu dieser Ausbildung ist die vorliegende Erhebung zum Sterbesegen entstanden. Es handelt sich dabei nicht um eine wissenschaftliche Untersuchung, sondern um eine kleine Erhebung, die exemplarisch Fälle, schwerpunktmäßig aus dem klinischen Kontext, analysiert. Unterstützt wurde ich dabei von zwei Kollegen aus der Klinikseelsorge. Beiden gebührt mein ausdrücklicher Dank.

Fachlich begleitet wurde die Abschlussarbeit von Frau Dr. Smeding und von seelsorglich-pastoraler Seite von Pfarrer Dr. h.c. Erhard Weiher aus Mainz. Mit ihm fand auch das Abschlusskolloquium zur Arbeit statt. Auch diesen beiden danke ich ganz herzlich für die intensive Zeit der Auseinandersetzung.

Sowohl Pfarrer Weiher, als auch Frau Dr. Smeding haben mich ausdrücklich ermutigt, die Ergebnisse einer breiteren Öffentlichkeit zugänglich zu machen. Diesem Wunsch komme ich mit dem vorliegenden Büchlein gerne nach.

Geislingen an der Steige — Jürgen Zeller

im Juni 2018 — *Diakon*

1. Der Sterbesegen

1.1 **Einführung:** Sterben, Tod und Trauer bilden eine Einheit: **das Triptychon der Trauer©**. So hat es Dr. Ruthmarijke Smeding 2012 in der Hospiz-Zeitschrift publiziert.[1] Hier findet sich auch eine sehr anschauliche Grafik dazu. Die drei Zeiten müssen dabei zusammen betrachtet werden. Das Handeln und Erleben in der Zeit vor dem Tod hat Auswirkungen auf die noch kommenden Zeiten von Tod und Trauer. Es geht darum, die Angehörigen vor bzw. im Tod zu befähigen, damit für die Zeit des Weiterlebens sogenannte „Trittsteine" entstehen können:

„Das Sterben eines Menschen bleibt als wichtige Erinnerung zurück bei denen, die weiterleben." (Cicely Saunders)[2]

Als Trittstein versteht Smeding alles, was den Hinterbliebenen hilft, gut in die Zeit der Trauer zu starten und was sie in dieser schweren Zeit in der Spur hält. Wenn alles wegbricht, braucht es einen tragfähigen Grund. Das sind die Trittsteine in der Trauer. Trittsteine sind so individuell, wie die Menschen, für die sie moderiert werden (Smeding spricht vom Moderieren, weil wir als Begleiter diese nur anbieten und nicht legen können):

- der rituelle Abschied am Totenbett durch ein Segensritual
- der Begleitdienst zum Bestatter
- die Einladung den Verstorbenen noch einmal zu sehen oder zu berühren.
- eine wärmende Decke während der Wartezeit auf der kalten und ungemütlichen Intensivstation.

[1] Vgl. dazu Smeding, Rm., Das Triptychon der Trauer, in: Die Hospiz-Zeitschrift, 2-2012, S. 6-11.
[2] Rechenberg-Winter, P. / Fischinger, E., Kursbuch Systemische Trauerbegleitung, Göttingen 2010, S. 198.

Jede Aufmerksamkeit ist wichtig: Es geht immer darum „gute und heilsame Bilder“ vom Tod zu ermöglichen.
Kirchliche Seelsorge hat in allen drei Zeiten des Triptychons zahlreiche Berührungspunkte. In der Sterbetrauer ist es die Seelsorge an Kranken, sowohl im häuslichen Bereich, als auch im Rahmen der Klinik- und Pflegeheimseelsorge. Ebenso tragen die vielen christlichen Hospizdienste und die kirchliche Notfallseelsorge dieser Sorge um Menschen in der Zeit des Sterbens Rechnung.
Die Notfallseelsorge schafft bereits den Übergang zur Todestrauer (Zeit 2). Überbringung der Todesnachricht, Begleitung zum Abschiednehmen, Erste-Hilfe für die Seele nach Eintritt des Verlustes.
Die Begleitung bei der Bestattung bildet nach wie vor einen Schwerpunkt kirchlichen Handelns in der Todestrauer (Zeit zwischen Tod und Beerdigung). Auch wenn die Anzahl kirchlicher Bestattungen seit dem Jahr 2000 von 70 auf rund 59 Prozent gesunken ist.[3] Dieser Wert zeigt aber auch, mehr als der Hälfte der Beerdigungen gestaltet nach wie vor ein kirchlicher Liturg.
Im Bereich der Weiterlebe-Trauer (Zeit 3) gibt es, wenn auch immer noch zu wenige, kirchlich organisierte oder getragene Trauergruppen, vor allem in den Gemeinden. Oft werden diese von Dekanaten oder überörtlichen Einrichtungen wie der Erwachsenenbildung oder Hospizen angeboten.

Den Schwerpunkt für die Seelsorge sieht Smeding aber vor allem in Zeit 2. Für sie sind die Tage zwischen Tod und Beerdigung kirchliche Kernkompetenz. Es handelt sich hier aber nicht bereits um eine Trauerbegleitung sondern um punktuelle Trauer*begegnungen* (z. B. Aussegnung, Trauergespräch, Trauer-

---

[3] Quelle: http://www.aeternitas.de/inhalt/presse/ARCHIV/2016/2016_07_26__08_37_31 (Abruf am 14.01.2017)

feier).[4] Diese Trauerbegegnungen *„haben den größten Anteil am pastoralen Handeln in der Begleitung von Menschen bei Sterben, Tod und Trauer."*[5]
Dieser Schwerpunkt lässt sich vor allem aus der liturgisch-rituellen Kompetenz verstehen, welche der Kirche und ihren Beauftragten nach wie vor in einem sehr großen Maße in dieser Zeit zugesprochen wird. Dazu gehören sowohl traditionell geprägte, als auch situativ entwickelte Rituale mit den Betroffenen.

Als „neue" Möglichkeit der liturgisch-rituellen Begleitung wurde in den vergangenen Jahren der sogenannte Sterbesegen entwickelt und von einigen Diözesen in Deutschland offiziell in Kraft gesetzt (z. B. Rottenburg-Stuttgart, Würzburg oder Trier).
Der Sterbesegen fällt im Blick auf das Triptychon in Zeit 1 und an den Anfang von Zeit 2, da in den ersten Stunden nach Eintritt des Todes der Verstorbene für die Angehörigen immer noch da ist. Somit ist der Sterbesegen auch ein Übergangsritus für die Angehörigen zwischen den Zeiten 1 und 2.
In der Mitte und am Ende von Zeit 2 ist eine Aussegnungsfeier, die den Verstorbenen als solchen dann auch konkret benennt, stimmiger. Je länger der Tod zurückliegt, desto geringer wird die leibhafte Anwesenheit des Verstorbenen. Auch verändert sich sein Äußeres zunehmend, so dass die Intention des persönlichen Zuspruchs, welchen der Sterbesegen vorsieht, nicht mehr gegeben ist.

---

[4] Vgl. Burkhardt, J. / Krebsbach, R. / Rüdesheim, C. (Hg.), Jedes Sterben ist ein Riss. Seelsorge in der Begegnung mit Trauernden, Ostfildern 2016, S. 53.
[5] Ebd.

1.2 **Der Sterbesegen**

1.2.1 **Entstehung, Geschichte und Intention**: Neben der Wegzehrung als dem eigentlichem Sterbesakrament und der Krankensalbung, welche den Platz des Sterbesakramentes als sogenannte „Letzte Ölung“ in den letzten Jahrhunderten faktisch eingenommen hat, wurde in den letzten Jahren als ergänzende Form der rituellen Begleitung Sterbender und auch bereits kurz Verstorbener der Sterbesegen entwickelt.

Die Gründe dafür sind vielschichtig. Hauptgrund aber ist, in den ganz individuellen Situationen am Sterbebett einen angemessenen Ritus zu haben, der den unterschiedlichen Bedürfnissen Rechnung trägt.[6]

Krankensalbung und Krankenkommunion bieten in den verschiedensten Situationen am Sterbebett oftmals nicht die angemessene Form des Beistandes. Die Krankensalbung will vom Charakter her ein Sakrament für die Kranken sein und intendiert eindeutig die Stärkung auf dem Weg durch die Krankheit. Für die Wegzehrung ist der noch mögliche Empfang des Sakramentes Voraussetzung. Bei Sterbenden, gerade im klinischen Kontext, ist dies oft nicht mehr möglich.

Deshalb braucht es beim Übergang vom Leben zum Tod einen anderen Ritus, eben einen Segen für die Sterbenden, der aber die Zugehörigen ausdrücklich im Blick hat und sie auch mit einbezieht.[7] Beides ist bei der Feier der Krankensalbung oder der Wegzehrung so nicht vorgesehen.

Angehörige wollen in dieser Zeit Beistand und Zuwendung erfahren. Im christlichen Segen verdichten sich dieser Beistand und die Zuwendung im Namen des dreifaltigen Gottes: *„Beim Segnen im Namen Gottes ist seine ganze Lebenskraft wirksam, ..., seine Leben schenkende und vermehrende Liebe.“*[8]

---

[6] Ebd. S. 76-77. Zusammenstellung von unterschiedlichen Situationen durch E. Weiher.

[7] Vgl. Kaier, C., in: Diözese Rottenburg-Stuttgart, Handreichung zum Sterbesegen, Rottenburg 2012, S. 14-15.

[8] Fuchs, G., in: Diözese Rottenburg-Stuttgart, a.a.O., S. 7.

Der **Sterbesegen ist ein gemeinsames Gebet mit Segenshandlung**, welche sich auf die seit Jahrtausenden praktizierten Segenshandlungen bezieht. Segnen ist eine Ur-Geste der Menschheit.

Eine der Wortbedeutungen von „segnen“ meint *„signare“* = bezeichnen oder besiegeln. Es soll am Ende des Lebens etwas besiegelt werden: *„Alles, was das Leben der sterbenden Person ausmacht, möge bei Gott ein gutes Ende finden.“*[9] Sehr schön kommt dies durch das Sprichwort „Das Zeitliche segnen“ zum Ausdruck.

In seiner Entstehung und Geschichte bindet sich der Sterbesegen damit zurück an die Ur-Erfahrung des Menschen, dass Gott unser Leben stärken und stützen will durch seine Zuwendung, durch seinen Segen. Und dies gerade in besonderen Zeiten des Lebens, wie beim Übergang zum Tod.

Der Sterbesegen ist Segenszuwendung Gottes in der Phase des Sterbens. Alles, was das Leben des Sterbenden ausmacht, soll bei Gott ein gutes Ende finden und mit Jesus Christus zur Auferstehung gelangen.

Gott, als Garant der Ordnung des Lebens (Erhard Weiher) wird in der Sterbestunde angerufen. Dies zeigt: *„Das Geheimnis des Menschen ist im Geheimnis Gottes aufgehoben.“* Dieser Gott ist gerade im Tod der *„tiefste (Unter-)Grund des Lebens.“*[10]

Mit dem Sterbesegen wird das gelebte Leben in den Blick genommen und gewürdigt, auch mit seinen schweren Seiten.

Während Krankensegen, Krankenkommunion, Krankensalbung und Wegzehrung *zusagenden* Charakter haben, versteht sich der Sterbesegen als *begleitende und beistehende* Gebetsform.

Dazu kommt, dass der Sterbesegen ausdrücklich die Angehörigen in die Segenshandlung mit einbezieht. Fester Bestandteil jeder Feierform ist die

---

[9] Kaier, C., in: Diözese Rottenburg-Stuttgart, a.a.O., S. 15.

[10] Weiher, E., Funktion und Bedeutung von Religion und Ritual bei Sterben, Tod und Trauer (zitiert nach einem Kurs-Handout).

Einladung an die Anwesenden, den Sterbenden auf ihre Weise zu segnen. Dies kommt dem Anliegen vieler Menschen, noch *„ein Letztes für ihren Sterbenden* ***zu tun****“* sehr entgegen.[11]

Begründet wird die Einführung des Sterbesegens in einigen Diözesen Deutschlands (z. B. Rottenburg-Stuttgart und Würzburg) auch damit, dass diese Form des Abschieds am Sterbe- bzw. Totenbett ein wichtiger Trittstein werden kann, den die Angehörigen in die ersten Wochen der Trauer mitnehmen können.[12]

---

[11] Vgl. Weiher, E., Die Religion, die Trauer und der Trost, Mainz 1999, S. 174-175.
[12] Vgl. Diözese Rottenburg-Stuttgart, a.a.O., S. 14.

1.2.2 **Struktur und Segensformel**: Der Sterbesegen will den sterbenden Menschen gläubig in die Hände Gottes übergeben und gleichzeitig die Familie auf dem „letzten gemeinsamen Weg“ unterstützen.
Beim Sterbesegen wird im Zeichen des Kreuzes gesegnet, als der Grundgeste des Glaubens. In Erinnerung an die Taufe wird dabei Weihwasser verwendet. Zu Beginn wird der Sterbende mit seinem Namen angesprochen, dann wird mit drei Abschnitten das Leben in den Blick genommen, welches nun zu Ende geht: die Gedanken, Gefühle, Handlungen, Gelungenes, Misslungenes, Leichtes und Schweres. Das Segenswort schließt mit einem Zuspruch und der trinitarischen Formel.

N.N., dein Leben war/ist einmalig und kostbar.
Dein Leben sei gesegnet im Angesicht Gottes.

Alles, was dir in den Sinn gekommen ist,
alles, was du gedacht und ersonnen hast,
geglaubt und erhofft,
alle Liebe, die du verschenkt hast,
sei gesegnet durch den dreieinigen Gott.
(Kreuzzeichen auf die Stirn)

Alles, was du in die Hand genommen,
angepackt und geschaffen hast,
ob geglückt oder misslungen,
alle Schuld, die du auf dich geladen hast,
sei angenommen durch den dreieinigen Gott.
(Kreuzzeichen auf die rechte Hand)

Alles, was dir gegeben wurde,
das Leichte und das Schwere, Freud und Leid,
alles, was zu Ende geht und auch das,
was dein Leben überdauern wird und bleibt,
sei getragen vom dreieinigen Gott.
(Kreuzzeichen auf die linke Hand)

Gott sende dir seinen Engel entgegen.
(Unterfassen beider Hände, wo möglich)
Er nehme dich bei der Hand
und führe dich durch Dunkelheit und Nacht ins Licht.
Im Namen des Vaters und des Sohnes und
des Heiligen Geistes.[13]

Der Sterbesegen kann grundsätzlich von jedem Getauften gespendet werden. Er ist eingebunden in eine Liturgie mit Liturgischer Eröffnung, Gebet, Kyrie, Lesung, Vaterunser und Schlusssegen.

---

[13] Diözese Rottenburg-Stuttgart, a.a.O., S. 17.

1.2.3. **Feierformen:** Die Struktur des Sterbesegens ist in den einzelnen Publikationen unterschiedlich, kennt jedoch gleiche Kernelemente. Hier werden kurz die drei Feierformen vorgestellt, welche später Grundlage der Erhebung sind:

Offiziell approbierte Form der Diözese Rottenburg-Stuttgart:[14]

1. Begrüßung und Liturgische Eröffnung

2. Gebet

3. Kyrie

4. Schriftlesung

5. Einladung zum stillen Erinnern

6. Segen

7. Einladung an die Anwesenden den Sterbenden zu segnen

8. Vaterunser und ggf. Ave Maria

9. Segen für die Angehörigen

Praktizierte Form an der Uniklinik in Ulm:[15]

1. Kreuzzeichen

2. Gebet zur Eröffnung

3. Psalm 23 (mit Hinführung)

4. Segen durch den Seelsorger

5. Einzelbesinnung Angehörige

6. Vaterunser (im Handkreis um das Bett)

7. Segnung durch die Angehörigen

8. Ave Maria

9. Abschluss durch freies Gebet und Segen für die Angehörigen

---

[14] Diözese Rottenburg-Stuttgart, a.a.O., S. 16 - 17.

[15] Persönliches Material vom Klinikseelsorger aus Ulm.

Hier wird außerdem die Segensformel um die Segnung der Herzmitte[16] erweitert:

„Alles, was dich in deinem Herzen
bewegt und berührt hat,
was dich geschmerzt und enttäuscht hat,
die Liebe, die du empfangen hast (von…)
und die Liebe, die du (…) gegeben hast,
wo du mit Gott in der Liebe verbunden warst
und wo Angst und Zweifel überwogen,
alles sei jetzt angenommen und verwandelt
und gesegnet durch den dreifaltigen Gott.

Feierform (approbiert) in der Diözese Würzburg.[17]

1. Eröffnung mit Benennung der Situation

2. Kreuzzeichen

3. Einladung zu einem stillen Gebet

4. ggf. Kyrie

5. Gebet

6. Schriftlesung

7. Einladung zum stillen Erinnern

8. Segen

9. Einladung an die Anwesenden den Sterbenden zu segnen

10. Vaterunser

11. Segen für die Angehörigen

12. ggf. Ave Maria

---

[16] Rau, A., Segensfeier mit Sterbenden und ihren Angehörigen, in: Lebendige Seelsorge 4/2009, S. 274.

[17] Diözese Würzburg. Die Feier des Sterbesegens. Eine liturgische Handreichung für die Kranken- und Altenseelsorge im Bistum Würzburg, Würzburg ³2014, S. 13 - 19.

Elementar ist allen drei Formen der eigentliche Sterbesegen durch den Liturgen im Zentrum der Feier. Dazu jeweils die Einladung an die Anwesenden zur persönlichen Segnung. Das Ulmer Formular ist etwas kürzer und freier in den Formulierungen. Das Würzburger Modell legt Wert auf ein intensives Hineinführen.

Überhaupt ist es wichtig, das Ritual jeweils entsprechend „zu laden", durch ein ausreichendes **Hineinführen:** Wer ist da? In welcher Beziehung stehen die Anwesenden zum Sterbenden? Was ist passiert? (Krankheitsgeschichte) Wer ist dieser Mensch, um den wir uns nun versammeln? (Lebensgeschichte).
Dies geschieht z. B. in Ulm durch das Richten des Tisches. Mit den einzelnen Gegenständen Kreuz, Kerzen und Weihwasser. Beim Weihwasser wird z. B. explizit nach dem Ort der Taufe gefragt. So kommt ein Gespräch über die Herkunft in Gang. Durch diese Gespräche wird die Beziehung zwischen Sterbenden und den Angehörigen sehr deutlich.
Erst dann kann das Ritual durchgeführt werden (**Hindurchführen**). Dabei braucht es dann kaum mehr erläuternde Worte.
Abschließend ist dann aber auch ein **Hinausführen** notwendig. Dies geschieht vor allem durch die Frage: Wie geht es jetzt (für Sie) weiter? Außerdem bietet sich hier an, ein sogenanntes „Verbindungselement" zu hinterlassen (Kerze, die während des Segens gebrannt hat, Erinnerungskarte mit persönlichen Worten, etc.).[18]

Die ausführlichen Abläufe finden sich in offiziell veröffentlichten Publikationen. Vgl. dazu die Angaben bei den Fußnoten 7, 16 und 17.

---

[18] Vgl. hierzu: Feldmann, K.-H., Abschied am Totenbett, in: Lebendige Seelsorge 4/2009, S. 260-266 und Weiher, E., Sterbesegen – Letzte Ölung – Abschied am Totenbett, in: Burkhardt, J. u.a., a.a.O. S. 81 - 87.

2. Die Erhebung

2.1 **Ziel, Methodik und Art der Durchführung:** Begründet wird die Wichtigkeit von Ritualen am Kranken- und Sterbebett immer wieder mit dem Hinweis, dass deren würdevolle Gestaltung ein „Trittstein“ in der Trauer sein kann.[19] In der Handreichung zur Einführung des Sterbesegens in der Diözese Rottenburg-Stuttgart wird dieser Begriff ausdrücklich beim Sitz im Leben benannt: *„Die Forschungen zur Trauerbewältigung haben gezeigt, wie bedeutsam es für die Angehörigen ist, diese Zeit des Sterbens zu gestalten. Was in dieser Zeit hilfreich war, wird zum „Trittstein“ für die Zeit danach.“*[20]
Als Trittstein versteht Ruthmarijke Smeding alles, was den Hinterbliebenen hilft, gut in die Zeit der Trauer zu starten und was sie in dieser schweren Zeit in der Spur hält.

Ziel dieser Arbeit ist nun, exemplarisch bei Angehörigen, die den Sterbesegen mitgefeiert haben, nachzufragen, ob diese Feier wirklich **eine Hilfe bzw. Quelle des Trostes in den ersten Wochen der Trauer ist bzw. war**. Besonders in den ersten Wochen der Neuorientierung im Alltag.
Kann also im Blick auf den Sterbesegen mit Dietrich Bonhoeffer gesprochen werden:

„Behütet und getröstet wunderbar?“

Bei der Befragung wird dann konkretisiert, warum dies so ist bzw. war:
*Was vom Ritus hat „getragen“ und vor allem warum?
*Oder was hätte es stattdessen oder ergänzend gebraucht, damit er Wirkung entfalten hätte können?

---

[19] Vgl. Ebd. S. 260 oder Burkhardt, J. u.a., a.a.O. S. 32.
[20] Kaier, C., in: Diözese Rottenburg-Stuttgart, a.a.O., S. 14.

Dazu kommen als Hintergrundinformationen die Erkenntnisse, was den Bedarf und Zeitpunkt für das Ritual ausgelöst haben und wie die konkrete Situation bzw. die Umstände war(en), in welcher der Sterbesegen gefeiert wurde.
Damit entsteht rund fünf Jahre nach Einführung dieses Ritus in der Diözese Rottenburg-Stuttgart (2012) erstmals ein Anwendungsbild aus der Praxis in Klinik, Pflegeheim und häuslichem Umfeld.

Als **Methode** wird die **exemplarische persönliche Befragung anhand eines Fragebogens** gewählt. Dieser wird in einem Gespräch zwischen Seelsorger (Liturgen des Sterbesegens) und den Angehörigen, die ihn mitgefeiert haben, abgefragt. Das Gespräch kann dabei von Angesicht zu Angesicht oder auch am Telefon stattfinden. Favorisiert wird das persönliche Gespräch. Um einen vielfältigen Eindruck zu gewinnen, sollen daran, nach Möglichkeit, mehrere Personen teilnehmen. Wenn dies nicht möglich ist, wird eine/r ausgewählt, die/ der die engste Beziehung zum Verstorbenen hatte (Ehefrau bzw. Ehemann; Mutter bzw. Vater; Tochter bzw. Sohn, usw.).
Als Zeitraum wird rund acht Wochen nach dem Tod gewählt. Bis dahin hat die Trauerfeier stattgefunden und auch eine eventuell spätere Urnenbestattung wurde durchgeführt.
Je nach Situation, liegen damit zwischen der Feier und der Befragung zwischen acht und zehn Wochen. In Einzelfällen kann dies aufgrund von zurückzulegenden Entfernungen und Terminabstimmungen auch ein bis zwei Wochen länger sein.
[Anmerkung: Durch einen Kommunikationsfehler mit der Kollegin in Würzburg, wurden dort die Gespräche nicht in diesem Zeitraum durchgeführt, sondern so, „wie es vom Prozess der Begleitung sinnvoll erschien." Damit ergibt sich ein etwas breiteres Bild, da bei einigen der Befragungen der Sterbesegen mehr als sechs Monate zurücklag und bei anderen nur wenige Tage.]

Durchführung: Als Zeitraum für die Durchführung wurden im Blick auf den Abgabetermin der Abschlussarbeit (= 31. März 2017) die Monate **Juli 2016 bis Februar 2017** festgelegt.

Für die exemplarische Erhebung wurde in Absprache mit Dr. Ruthmarijke Smeding ein Umfang von **20 Rückmeldungen** festgelegt. Da drei Personen beteiligt sind (vgl. Einbindung unter Punkt 2.2), führt damit jeder fünf bis acht Befragungen durch. Natürlich würde eine größere Anzahl von Befragungen eine breitere Datenbasis schaffen. Aber da pro Gespräch mindestens 1,5 Stunden plus eventueller Fahrtzeit eingeplant werden muss und dazu dann ja auch eine kurze Zusammenfassung zu erstellen ist, kann im Blick auf den vollen Dienstauftrag der Beteiligten die oben genannte Zahl der Erhebung nicht überschritten werden.

2.2 **Einbindung der Klinikseelsorge in Ulm und Bad Kissingen**:

Damit die Erhebung **auf einem breiterem Fundament** steht, werden die Klinikseelsorge in Ulm und eine Seelsorgerin aus der Diözese Würzburg (Akutklinik Bad Kissingen) einbezogen.

Der Kollege in Ulm hat über die Arbeitsgemeinschaft der Krankenhaus- und Kurseelsorger maßgeblich an der Entwicklung des Sterbesegens in der Diözese Rottenburg-Stuttgart mitgewirkt. Er ist ein Mann der ersten Stunde zu dieser Thematik und hat in den vergangenen zehn Jahren rund 1000mal den Sterbesegen gefeiert. Außerdem hat er bereits 2009 zur Segensfeier mit Sterbenden und ihren Angehörigen publiziert.[21]

Die Diözese Würzburg hat als eines der ersten Bistümer 2014 eine offizielle liturgische Handreichung zum Sterbesegen herausgegeben.[22] Die Kollegin aus Würzburg ist ebenfalls seit vielen Jahren in der Klinikseelsorge tätig und feiert regelmäßig den Sterbesegen.

[21] Rau, A., Segensfeier mit Sterbenden und ihren Angehörigen, in: Lebendige Seelsorge, 4/2009, S. 267-276.

[22] Diözese Würzburg. Die Feier des Sterbesegens. Eine liturgische Handreichung für die Kranken- und Altenseelsorge im Bistum Würzburg, Würzburg ³2014.

2.3 **Der Fragebogen**

2.3.1 **Aufbau und Inhalt:** Beides wurde in Absprache mit Dr. Ruthmarijke Smeding bereits im Juli 2016 abgestimmt. Aufgrund des engen Zeitplanes der Abschlussarbeit blieb leider keine Zeit für einen „Probelauf“. Von Seiten der Mitwirkenden wurde ein Start bereits vor den Sommerferien gewünscht, damit die Rückmeldungen auf jeden Fall bis Ende Februar 2017 vorliegen. Deshalb musste dieser Teil schon sehr zeitig erledigt werden. Die Endversion des Fragebogens, welche Grundlage für die Gespräche aller drei Interviewer war, wird nun beschrieben:

Auf **Seite 1** werden die **Rahmenbedingungen** bzw. der Kontext geklärt, auf **Seite 2** folgen dann die konkreten **Fragen zur Erhebung**. Der Fragebogen endet mit einer Reflexionsfrage für den Interviewer. Diese soll nochmals die „Frucht des Sterbesegens“ vergegenwärtigen.

FRAGEBOGEN

I. Grundinformationen

Datum: Ort: Uhrzeit:

Patientenkürzel: Alter:

ansprechbar nicht ansprechbar verstorben

Patient ist bereits bekannt, d. h. es bestand schon vorher Kontakt? JA /NEIN

Wenn JA, bitte weitere Informationen dazu:

O Besuch auf Station

O Bekannt von einem vorherigen Aufenthalt

O Bekannt aus der Gemeinde

O Anderes (bitte kurze Angabe):

Wer forderte an?

Welcher „Bedarf" wurde genannt?

Was hat den „Bedarf" bzw. „Zeitpunkt" ausgelöst?

Wer war anwesend? (Familie, Freunde, Personal?)

Ansprechpartner für Nachkontakt:

Beziehung:

Telefon:

Adresse:

Sonstiges:

Wann ist der Patient verstorben?

II. Fragen zur Auswertung

Datum: Am Telefon Als Hausbesuch

1. Gibt es zwei Dinge, die Ihnen von der Zeit des Abschieds von Ihrem/Ihrer Mann/Vater, Frau/Mutter, etc. als wertvoll und stärkend in Erinnerung sind?

2. Wie erinnern Sie sich an die Feier des Sterbesegens?

3. Hat die Feier etwas für Sie verändert? (Hat sie in der ersten Zeit „getröstet"?) Wenn ja, können Sie das vorher und nachher beschreiben?

4. Wer hat den Zeitpunkt für den Segen bestimmt? Umstände, Hintergründe?

5. (Jeweils möglichst konkrete Benennung) **Was vom Ritual**

*hat geholfen?

*war nicht hilfreich?

*sollte geändert werden bzw. was hat Ihnen gefehlt?

[*Wie ging es Ihnen mit den Liedern?]

Abschluss-Frage an den Liturgen und Fragesteller: Was meinen Sie: Hat das Nachgespräch die Wirkung des Sterbesegens verstärkt oder erst geweckt?

2.3.2 **Beschreibung:** Der Bogen beginnt mit einer Sammlung von **Grundinformationen**: Wann, wo und zu welcher Zeit wurde der Sterbesegen gefeiert? Diese Daten sind vor allem im Blick auf den Todeszeitpunkt wichtig. Daraus lässt sich erheben, in welcher Phase des Triptychons das Ritual gefeiert wurde.

Es folgt als Ordnungsmerkmal ein Patientenkürzel, sowie für die Statistik das Alter des Patienten. Außerdem der Hinweis, ob dieser noch ansprechbar, also in die Feier mit einzubeziehen war, oder ob es diese Möglichkeit nicht mehr gab. Auch wenn der Patient bereits verstorben ist, kann der Sterbesegen in den ersten Stunden noch gefeiert werden.

Die dann folgenden Fragen helfen, um ein konkretes Bild zu bekommen, in welchen Situationen der Sterbesegen angefragt bzw. gefeiert wird. Die Zahl der Anwesenden ist nicht nur für den Charakter der Feier entscheidet, sondern auch später wichtiges Merkmal für die Befragung. Gibt es die Möglichkeit, von mehreren Personen eine Rückmeldung zu bekommen?

Die Hinweise zum Ansprechpartner für den Nachkontakt sind als Hilfestellung für den Interviewer gedacht, damit dieser alle Daten übersichtlich und griffbereit hat. Im Idealfall wird die erste Seite kurz nach der Feier ausgefüllt und die zweite dann bei der Befragung einige Wochen später. Das Sterbedatum legt den Interview-Zeitraum fest. Ab diesem Tag sind die rund acht Wochen bis zum Gesprächstermin zu rechnen.

Es folgen auf Seite zwei die **Fragen zur Auswertung.** Hier ist als erste Notiz wichtig, wann das Gespräch geführt wurde und in welcher Form (persönlich oder telefonisch).

<u>Frage Nr. 1:</u> Als Einstieg in das inhaltliche Gespräch dient die erste Frage. Hier soll bereits geklärt werden, ob die Feier des Sterbesegens positiv erinnert wird. Außerdem ermöglicht diese Frage einen Rücksprung in die Zeit des Triptychons. Bei Nennung des Rituals wird direkt zu Frage Nr. 2 übergeleitet,

unter Würdigung der anderen benannten „stärkenden" Dinge. Wird der Sterbesegen unter Nr. 1 nicht genannt, ist dennoch für die Erhebung wichtig, was von den Angehörigen positiv erinnert wird. Deshalb werden auch diese Aussagen in der Übersicht unter 2.4.1 dargestellt. Da der Name Sterbesegen nicht verbreitet ist, gelten als positive Erinnerung auch alle direkten oder indirekten Beschreibungen des Rituals.

Frage Nr. 2: Nun sollen die Angehörigen alle Eindrücke der Feier am Sterbebett beschreiben. Auch hier geht es darum, herauszuhören, wie das Ritual in Erinnerung geblieben ist. Jedes Detail ist von Bedeutung. Deshalb ist es gut, wenn an dem Interview mehrere Angehörige teilnehmen, die dann aus unterschiedlichen Wahrnehmungen berichten können.

Frage Nr. 3: Dies ist die **Kernfrage der Erhebung.** Was hat der Sterbesegen „bewirkt"? Welche Veränderungen in der Gefühlswelt sind durch das Ritual entstanden? Der Vergleich zwischen vorher und nachher ermöglicht einen Einblick in die „Trostwirkung" des Sterbesegens. Zur deutlichen Nachfrage im Blick auf das Ziel der Erhebung dient noch einmal die Frage in der Klammer. Diese ist aber nicht in jedem Fall notwendig.

Frage Nr. 4: Diese Frage korrespondiert mit den Grundinformationen von Seite 1: Was hat den Zeitpunkt / Bedarf ausgelöst? Es geht hier darum, noch einmal genau hinzusehen, wann ein Ritual zum Tragen kommt und wer es in der entsprechenden Situation anfragt. Geht hier die Initiative schwerpunktmäßig von den Angehörigen aus, oder doch eher von den Mitarbeitern auf der Station bzw. vom Seelsorger. Die Antworten machen deutlich, ob sich Menschen in der Sterbesituation konkret einen Beistand wünschen oder ob diese eher auf das Angebot positiv reagieren. Die Antworten zeigen m. E. wie stark die Sehnsucht der Menschen nach Ritualen in kritischen Lebenssituationen ist.

Frage Nr. 5: Hier geht es nun um die konkrete Benennung im Blick auf die einzelnen Teile der Feier. Was ist wie genau in Erinnerung? Was wird positiv benannt? Was hat gestört? Wo braucht es Veränderung? Und wenn ja, dann welche? Je konkreter hier die Rückmeldungen sind, desto mehr kann dies in der zukünftigen Ausgestaltung der Feierformen berücksichtigt werden.

Die Frage in Klammern zu den Liedern ist für den Verfasser dieser Arbeit eingefügt worden. Dieser ist ein Verfechter von Musik bei liturgischen Handlungen. Deshalb wird hier die Möglichkeit genutzt, konkret nachzufragen, wie das (gemeinsame) Singen von Liedern wirkt.

Die letzte Frage dient der Reflexion für den Interviewer. Wie ging es ihr/ihm mit dem Gespräch? Was kann sie/er in Bezug auf die Ausgangsfrage dieser Erhebung zusammenfassend sagen? Wenn der Sterbesegen eine Frucht hatte (wovon hier ausgegangen wird), wurde diese durch das Gespräch verstärkt oder vielleicht erst geweckt? Ist das Ritual vielleicht erst durch das Gespräch zu einem Trittstein geworden?

Auch diese Ergebnisse sind im Sinne einer nachgehenden Trauerpastoral von großer Bedeutung. Eine positive Einschätzung unterstreicht die Notwendigkeit von Nachgesprächen.

2.4 **Auswertung:** Die Rückmeldungen mussten bis Ende Februar 2017 von den Interviewern vorliegen, so dass diese vom Autor zusammengefasst und ausgewertet werden konnten. Im Blick auf das Abgabedatum der Arbeit Ende März 2017 war kein späterer Rückmeldetermin möglich. Damit konnte nur auf Feiern zurückgegriffen werden, welche bis Mitte Januar 2017 durchgeführt wurden.

Die Ergebnisse werden zunächst als Übersicht dargestellt. Anschließend folgen die jeweiligen Erläuterungen zu den konkreten Umständen durch die Interviewer unter Einbezug des jeweiligen Eindrucks von den Gesprächen. Hier flossen auch Informationen aus persönlichen Nachgesprächen ein, welche der Autor mit den zwei Mitwirkenden aus der Klinikseelsorge in Ulm und Bad Kissingen geführt hat.

2.4.1 **Übersicht:**

In die Auswertungen fließen insgesamt **20 Rückmeldungen** ein. Neun aus Würzburg und elf aus der Diözese Rottenburg-Stuttgart (fünf aus Geislingen an der Steige und sechs aus Ulm). Damit ist die Normzahl für die folgenden Grafiken jeweils 20. Nach der Abbildung folgt jeweils eine kurze Erläuterung zu den dargestellten Daten.

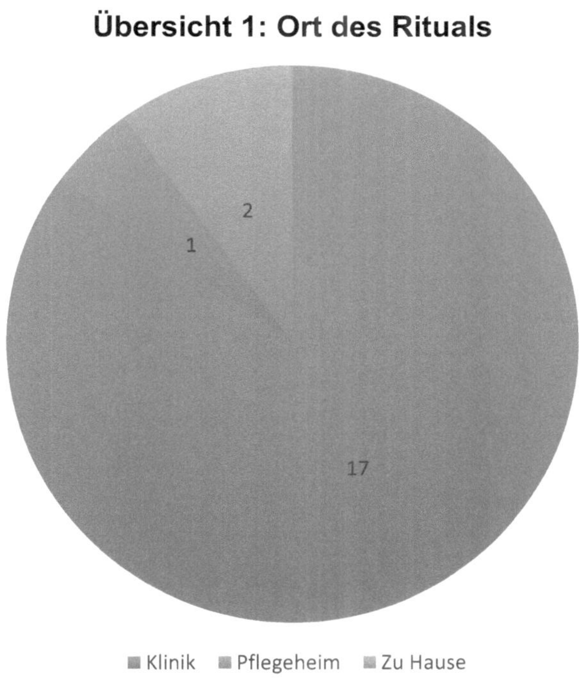

Übersicht 1: Ort des Rituals

Da in die Erhebung zwei Klinikseelsorger mit einbezogen waren, verwundert dieses Ergebnis nicht. Neun Anforderungen kamen dabei aus den Bereichen Intensivstation und Notfallambulanz. Ein häuslicher Einsatz geschah im Rahmen der SAPV (Spezialisierte Ambulante Palliative Versorgung) ein anderer aus der klassischen Gemeindeseelsorge heraus.

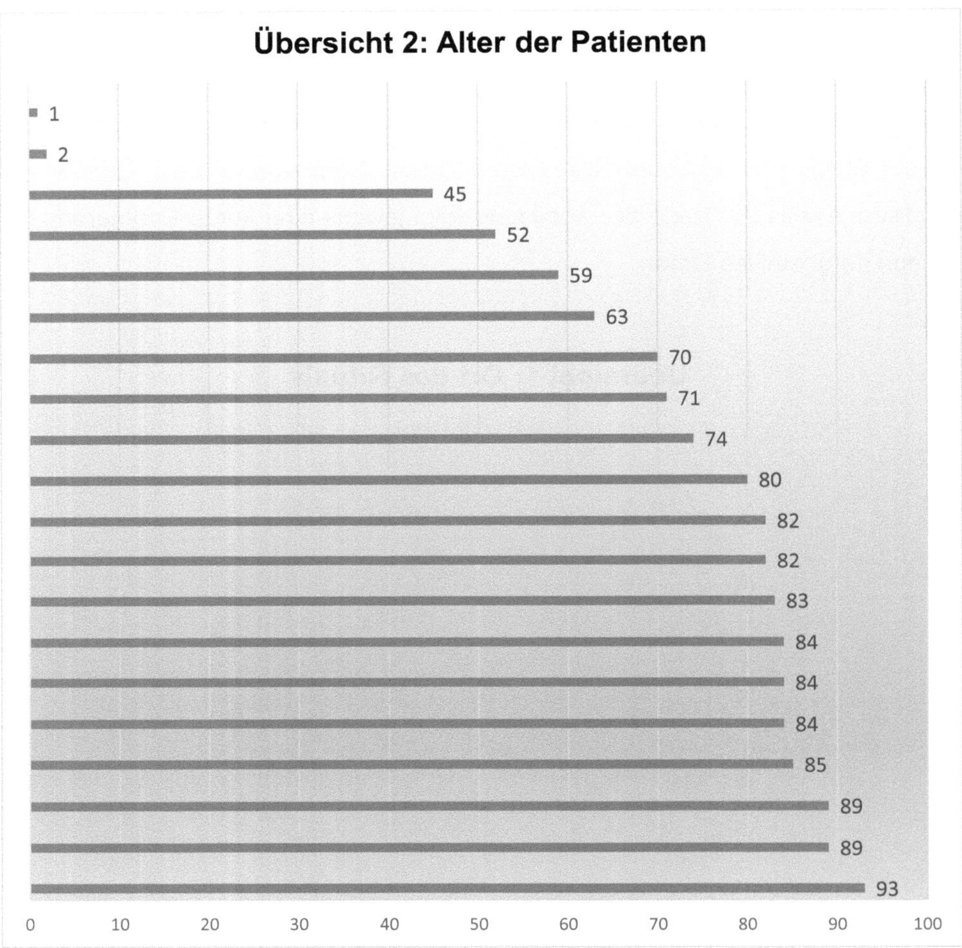

Hier zeigt sich eindeutig ein Schwerpunkt ab 80 Jahren. In den Akut- und Unikliniken, sowie im Rahmen der SAPV wird der Sterbesegen auch mit „jüngeren" Patienten gefeiert. Mit der ältesten Patienten der Erhebung wurde das Ritual im Pflegeheim gefeiert.

Übersicht 3: Zustand des Patienten bei der Feier

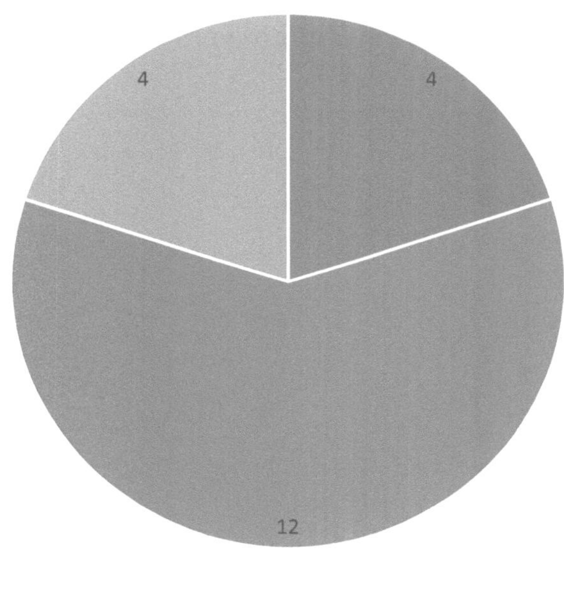

■ ansprechbar ■ nicht ansprechbar ■ verstorben

Der Sterbesegen ist als ritueller Beistand in der Zeit des Sterbens oder kurz nach dem Tod entstanden. In anderen Situationen sind die Krankensalbung bzw. der Krankensegen oder die Kommunion angebracht.

Nur 20 % der Patienten waren bei der Feier des Sterbesegens noch ansprechbar. Dies bestärkt auch die These, dass die Wegzehrung als eigentliches Sterbesakrament nicht geeignet ist, da die anderen 80 % nicht mehr in der Lage gewesen wären, die Kommunion zu empfangen.

Die Übersicht belegt eindeutig, dass sich die Intention des Sterbesegens ritueller Beistand in der Zeit des Sterbens zu sein, sich mit der Praxis trifft. In 80 % der erhobenen Fälle fand das Ritual in der Finalphase bzw. unmittelbar nach dem Versterben statt.

Dies macht auch die folgende Übersicht deutlich:

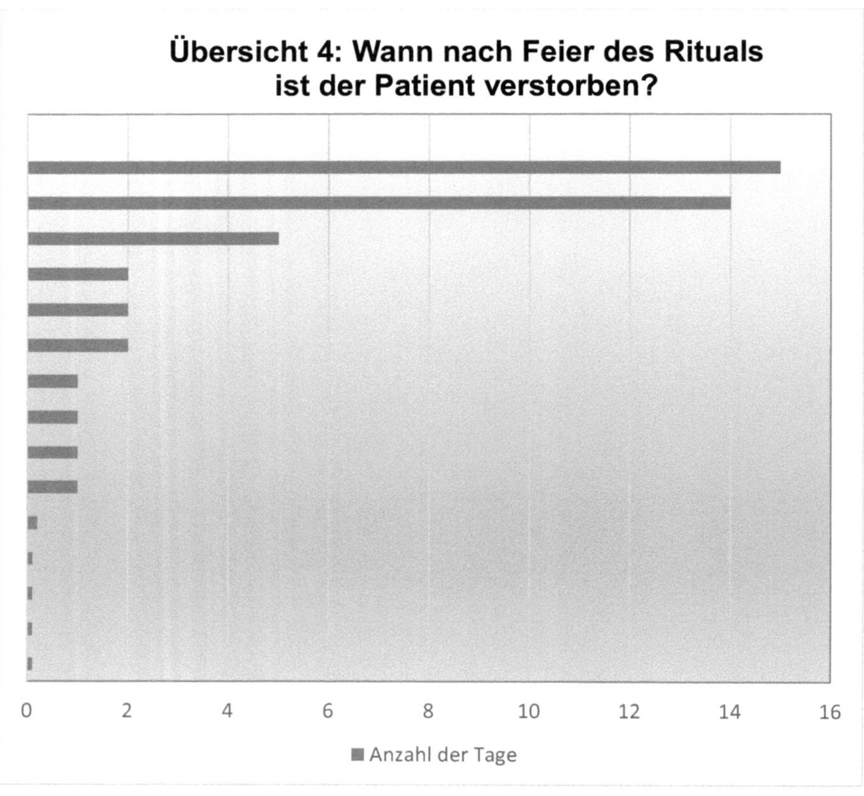

Die Normzahl dieser Übersicht ist 15, da vier Patienten bei der Feier des Segens bereits verstorben waren (vgl. Übersicht Nr. 3) und ein Patient, der erst nach 135 Tagen im Wachkoma verstorben ist, aufgrund der Darstellung, ausgeklammert wurde.

Auch hier sind 80 % der Patienten unmittelbar, d. h. in der ersten Stunde bis 2 Tage später verstorben.

Dies zeigt, der angestrebte Sitz im Leben des Sterbesegens, ein Ritual für die Sterbestunde zu sein, wird durch die Praxiserfahrung bestätigt.

Übersicht 5: Bestand zum Patienten schon vor der Feier des Rituals Kontakt?

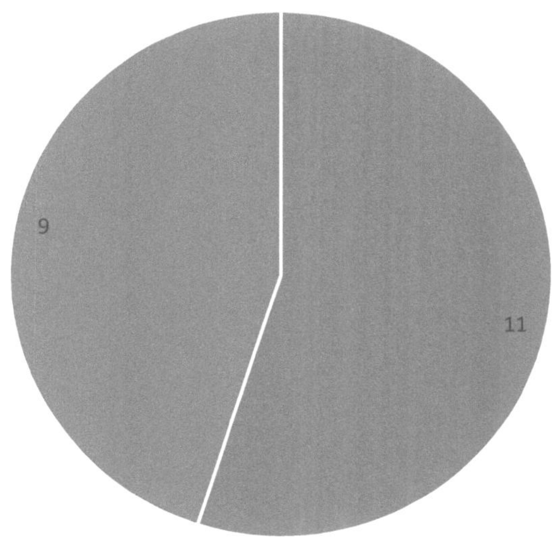

Hier ergibt sich auf den ersten Blick ein ausgewogenes Bild. Bei einer genaueren Analyse wird aber deutlich, dass in den beiden großen Kliniken die Mehrzahl der Patienten vorher nicht bekannt war (Ulm 4 von 6 und Bad Kissingen 5 von 9). Bei der Erhebung im Gemeindekontext und der eher kleinen Klinik (~140 Betten) waren dem Seelsorger alle Patienten vorher, teilweise über einen längeren Zeitraum bekannt. Die Anforderung für den Sterbesegen ergab sich in der Regel dann auch aus dieser bestehenden Beziehung.

Bei den Konkretisierungen zu den 11 Ja-Antworten wurde Folgendes benannt:

*bekannt aus der Gemeinde oder vom Wohnort (7x)

*bekannt von einem Besuch auf der Station der Klinik (2x)

*bekannt von einem früheren Krankenhausaufenthalt (2x)

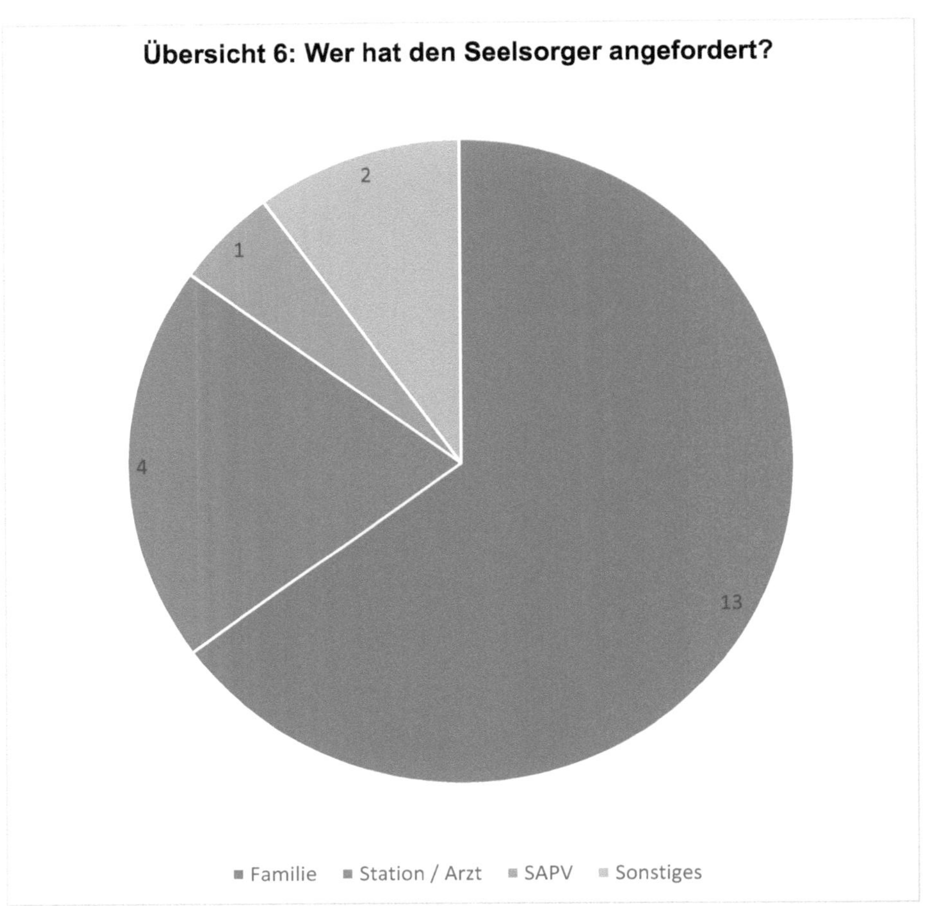

Bei zwei Fällen (= Sonstiges) gab es keine direkte Anforderung. Die Feier des Rituals ergab sich durch einen Besuch des Seelsorgers am Sterbebett.

Bei rund 60 % der Anforderungen durch die Familie ging ein Hinweis oder eine Empfehlung von Seiten der Station oder des behandelten Arztes voraus. Dies zeigt eine gute Einbindung der Seelsorge in die jeweiligen Häuser. Es zeigt aber auch, dass Angehörige die Begleitung im Sterben gerne annehmen bzw. anfordern.

Übersicht 7: Welcher "Bedarf" wurde benannt?

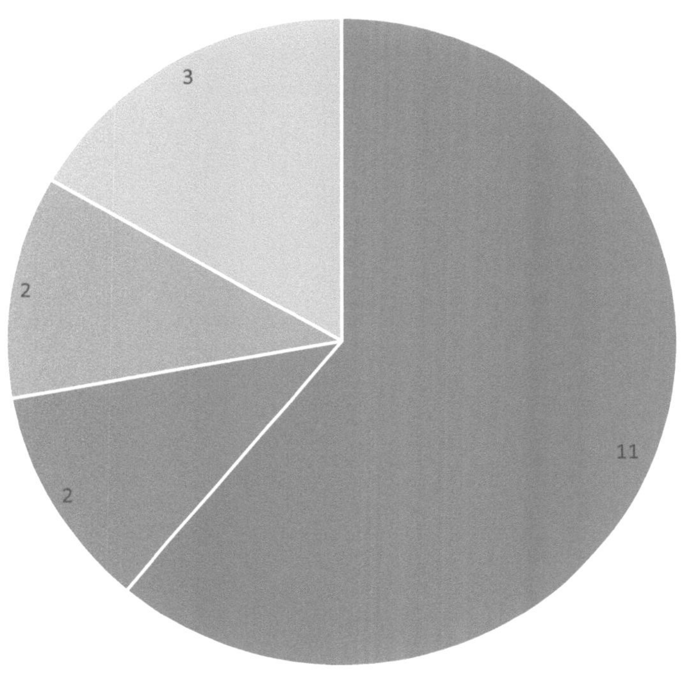

Auch hier ist die Normzahl 18, da es bei zwei Fällen (vgl. Übersicht 6) keine direkte Anforderung und somit auch keine Bedarfsnennung gab. In beiden Fällen lagen die Patienten aber im Sterben bzw. im Koma.

Es ist ersichtlich, dass in erster Linie ein seelsorglicher Beistand gewünscht wird. Vor allem dann, wenn sich die Situation dramatisch ändert. Diese Unterstützung wird manchmal von den Angehörigen konkret benannt oder vom Personal bzw. auch direkt vom Seelsorger angeboten. Fast immer bei diesen Fällen steht jetzt das „Sterben“ konkret im Raum bzw. wurde so benannt.

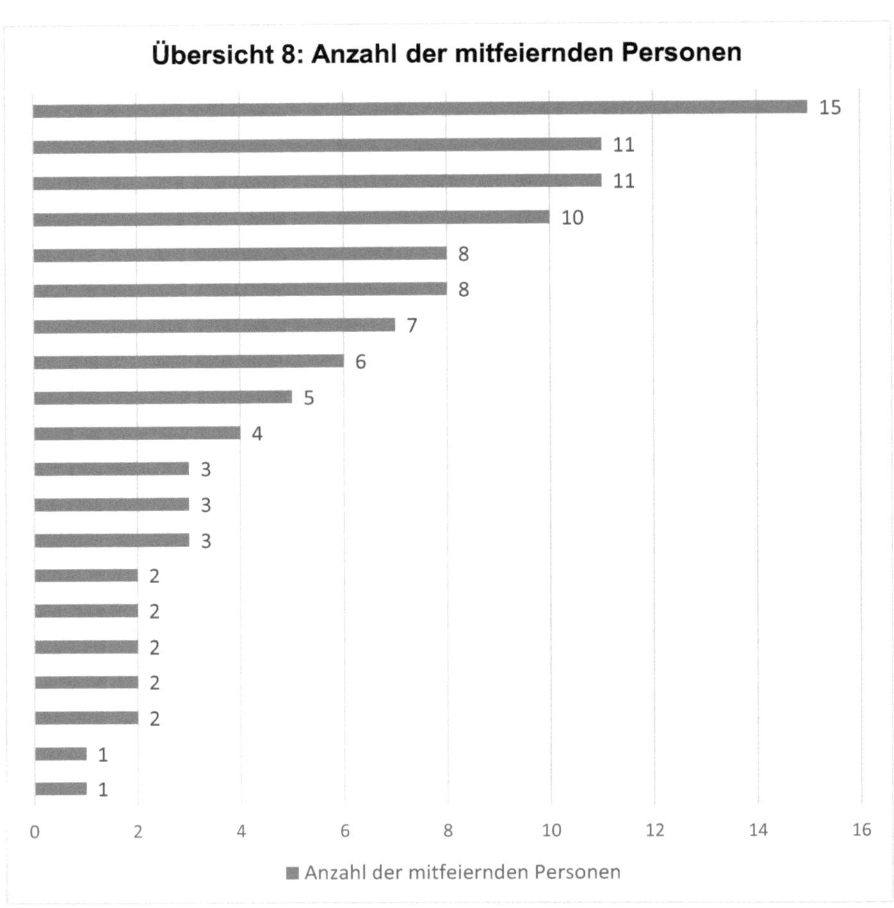

Der Wunsch beim rituellen Abschied eines geliebten und vertrauten Menschen persönlich mit dabei zu sein, ist sehr groß. Das macht die teilweise sehr große Anzahl an Mitfeiernden deutlich. Oft werden mehrere 100 km zurückgelegt, um beim Sterbesegen mit dabei zu sein.

Vor allem im Bereich der Uniklinik Ulm ist die Zahl der Mitfeiernden auffallend hoch (7, 8, 10, 11, 11, 15). Das unterstreicht eindrücklich das erfolgreiche Bemühen des Seelsorgers, das Ritual auf eine breite Basis zu stellen.

Übersicht 9: Wann fand der Nachkontakt statt?

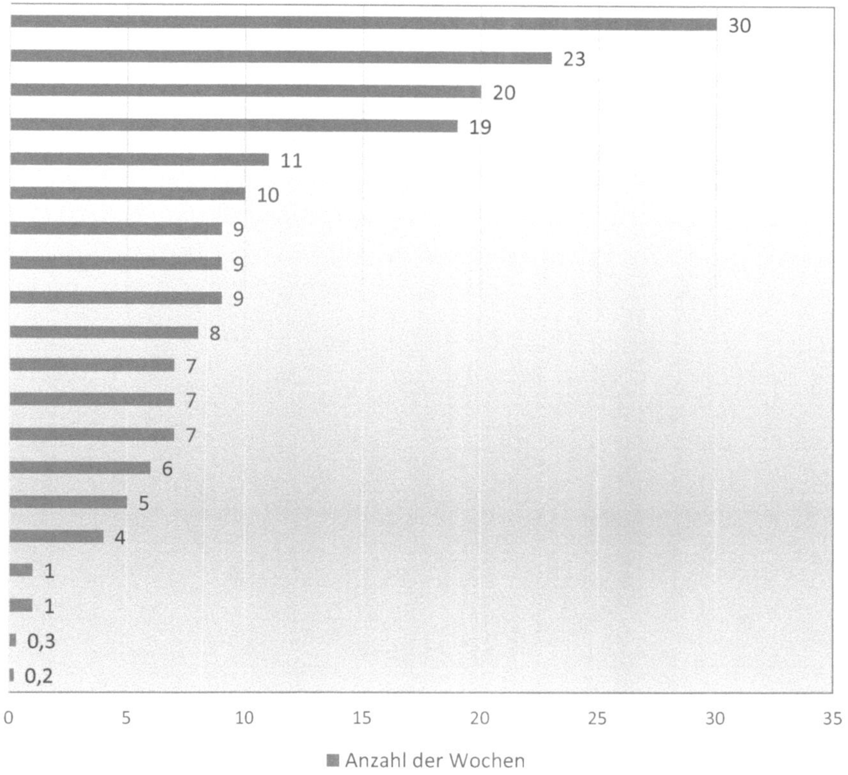

Rund die Hälfte der Nachkontakte (9) fand im angestrebten Zeitraum von 8 bis 10 Wochen statt, einige aufgrund von passenden Termin auch schon eine Woche früher oder später.

Durch einen Kommunikationsfehler mit der Kollegin in Würzburg, wurden dort die Gespräche nicht im gewünschten Zeitraum durchgeführt, sondern so, *„wie es vom Prozess der Begleitung sinnvoll erschien."* Damit ergibt sich ein etwas breiteres Bild, da bei einigen der Befragungen der Sterbesegen mehr als sechs Monate zurückliegt und bei anderen nur wenige Tage. Dies erklärt die starken Abweichungen.

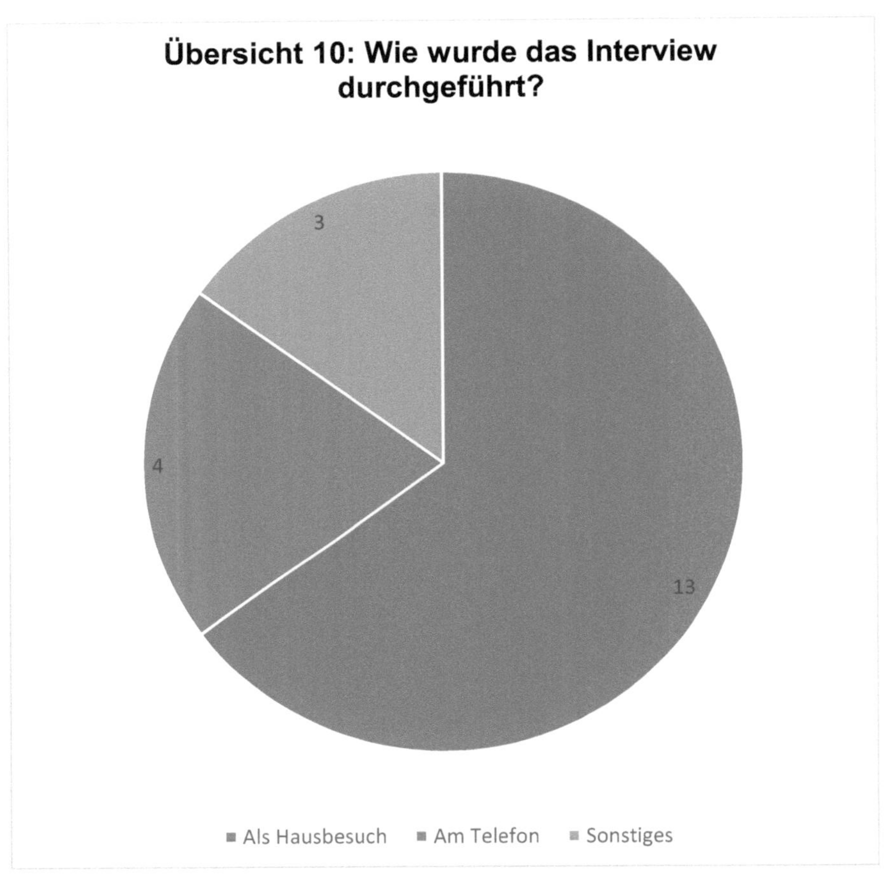

Die Interviews in Ulm und Geislingen fanden ausschließlich als Hausbesuch statt. Die Kollegin aus Würzburg hat aufgrund der Entfernung auch den telefonischen Kontakt gewählt. Unter Sonstiges fallen Begegnungen beim Gedenkgottesdienst, sowie ein Treffen im privaten Kreis.

2.4.2 **Ausführliche Beschreibung:** Nun werden die Antworten zu den Auswertungsfragen auf Seite 2 des Fragebogens vorgestellt und erläutert.

<u>Frage Nr. 1</u>: **Gibt es zwei Dinge, die Ihnen von der Zeit des Abschieds von Ihrem/Ihrer Mann/Vater, Frau/Mutter, etc. als wertvoll und stärkend in Erinnerung sind?**

Nicht alle Angehörigen konnten oder wollten zwei Dinge benennen.

Sehr oft wird jedoch das Ritual des Sterbesegens bzw. der Besuch oder das Tun des Seelsorgers erinnert, ohne dies jedoch mit diesem Begriff zu benennen. Als Antworten wurde gegeben: *Besuch durch den Seelsorger (in der Klinik) [4x]; persönlicher Segen durch die Angehörigen [5x]; für den Sterbenden/Verstorbenen gebetet [3x]; Holzkreuz für den Sterbenden; gemeinsames Singen; er hat bewusst mitgebetet; das Kommen und Bleiben der Verwandten; gute Führung und Erklärung durch Seelsorger.*

Es kamen bei dieser Frage aber auch Erfahrung mit der Klinik in Erinnerung: *Klinik gab Raum zum Abschied; Ehrlichkeit der Ärzte; Freiheit in der Entscheidung, ob Seelsorge gewünscht wird; Sensibilität der Pflegenden.*

Darüber hinaus wurden auch andere Dinge benannt: *Trauerfeier [2x] oder das letzte gemeinsame Urlaubserlebnis von früher.*

<u>Frage Nr. 2:</u> **Wie erinnern Sie sich an die Feier des Sterbesegens?**

Auf die konkrete Frage nach der Feier des Sterbesegens kamen **ausschließlich positive Rückmeldungen**. Dabei wurden der persönliche Segen und das Singen, sowie die besondere Atmosphäre bei der Feier hervorgehoben: *sehr positiv [6x]; besonders der persönliche Segen durch Angehörige und das Singen [5x]; wohltuend, wenn auch schmerzlich, da jetzt endgültiger Abschied [2x], sehr dicht; würdevoll; voller Dankbarkeit; beruhigend; gute Atmosphäre; ruhig; schönes sterben; berührend.*

Außerdem wurde hier benannt: *dass alle da waren und die gute Führung durch den Seelsorger.* Eine Rückmeldung erinnert sich aufgrund der Situation nur *verschwommen und wie im Film.*

Frage Nr. 3: Hat die Feier etwas für Sie verändert? (Hat sie in der ersten Zeit „getröstet"?) Wenn ja, können Sie das vorher und nachher beschreiben?

Auch hier sind die Rückmeldungen überwiegend positiv. Für drei Befragte hat sich nichts verändert. Eine Tochter gab dabei an, dass sie das Ritual für die Mutter gewünscht hat und sie sich deshalb sicher ist, dass es bei der Mutter etwas verändert hat, bei ihr selbst jedoch nicht.

Zu den Veränderungen gab es folgende Aussagen: *wir waren anschließend ruhiger, gelassener [3x]; gelöstere Stimmung; wir sind anders gegangen; erleichtert und gut vorbereitet; wichtig um loszulassen, vor allem der Segen; konnten noch etwas tun; hat getröstet [2x].*

Aber auch im Blick auf den Sterbenden wurde die Veränderung positiv gedeutet: *jetzt ist alles getan, guter Abschluss für Sterbenden [6x].*

Frage Nr. 4: Wer hat den Zeitpunkt für den Segen bestimmt? Umstände, Hintergründe?

Bei dieser Frage wurde deutlich, dass die Initiative in 60 Prozent der Fälle [12x] vom Seelsorger ausging. Er oder sie wurde gerufen und hat aufgrund der Erfahrung erkannt, dass der Sterbesegen aufgrund der Situation angeboten werden sollte.

Sieben Mal wurde der Seelsorger bzw. ein Abschiedsritual von den Angehörigen angefordert, da sich der Zustand des Patienten verschlechtert hatte bzw. er oder sie verstorben ist.

Darüber hinaus wurde die Seelsorge auch direkt von der Pflege angeboten bzw. angefordert im Blick auf die sich abzeichnende Sterbesituation.

Frage Nr. 5: Was vom Ritual hat geholfen?

Hier liegt der Schwerpunkt eindeutig bei der *persönlichen Segnung des Sterbenden durch die Angehörigen*. In 13 Fällen wird betont, wie wichtig das aktiv werden war. *Dem Sterbenden noch etwas sagen können, ihn nochmals berühren und damit persönlich in den Ritus einbezogen zu werden wurde als sehr positiv rückgemeldet.*

Außerdem wurde die Wahlfreiheit bei den letzten Worten angemerkt: *diese laut aussprechen zu können oder auch nur still im Herzen.*

Weitere Antworten auf diese Frage waren: *Benennung von Wut und Fragen im Gebet*; *persönliche Benennung der Situation*; *zeitgemäße Sprache; Segen durch Liturg; Seelsorger mit Kompetenz als Lotse; Erzählrunde zu Beginn bzw. als Abschluss; Bedingungen in der Klinik (Einzelzimmer und Zeit) [2x].*

Aus dem Bereich Ulm ist als Hilfe der *Handkreis beim Vaterunser* (vgl. Feierformen unter 1.2.3) *und der große Kreis der Mitfeiernden (vgl. Übersicht Nr. 8 unter 2.4.1) jeweils dreimal benannt worden.*

Aus dem Bereich Würzburg wurde viermal der *Rückblick, das stille Erinnern an den Sterbenden*, wie er unter Nr. 11 im Rituale vorgesehen ist, als hilfreich hervorgehoben und dreimal das *Holzkreuz.* Die Kollegin schreibt dazu: *„Ich habe immer ein kleines Holzkreuz dabei, das ich dem Verstorbenen auf die Brust lege, dem Sterbenden manchmal in die Hand gebe, je nachdem wie es passt. Dieses Kreuz bleibt bei dem Patienten - manchmal auch auf dem Nachtkästchen. Es ist auch ein Zeichen für nachfolgendes Personal oder Angehörige, die nicht an der Feier teilgenommen haben, dass ich da war und das Ritual gefeiert habe. Oft wird dieses Kreuz dem Verstorbenen dann mit in* *den Sarg gelegt, es gibt aber auch Angehörige, die es für sich als Erinnerung an diese Feier mitnehmen möchten."*

***war nicht hilfreich?**

Hier wurde bei keinem der zwanzig Fragebögen eine Angabe gemacht.

***sollte geändert werden bzw. was hat Ihnen gefehlt?**

Auch hier gab es keine Antworten. Über das Warum kann nur spekuliert werden. Ich meine, die wenigsten Menschen können oder wollen in dieser Situation (Verbesserungs-)Vorschläge für ein Ritual machen.

***Wie ging es Ihnen mit den Liedern?**

Aktiv werden Lieder nur in Geislingen mit in den Ablauf eingebaut. Hier wurde in drei Fällen die positive Wirkung auf die Stimmung benannt.
In Würzburg gab es eine Rückmeldung, die sich auf das Singen der Angehörigen für die sterbende Mutter bezogen hat. Auch dies wurde als sehr stimmig bezeichnet.

Frucht des Sterbesegens

Manchmal müssen Schätze eigens gehoben werden. Dazu braucht es dann aber den richtigen Rahmen. Für die Erhebung wurden mit den Angehörigen Nachgespräche geführt, die sonst so nicht üblich und verbreitet sind.
Die Rückmeldungen der Interviewer zur Frucht des Sterbesegens zeigen nun eindeutig die Notwendigkeit und Bedeutung von Nachgesprächen und damit einer aufsuchenden Seelsorge.
In zwölf Fällen haben die Seelsorger angegeben, dass Gespräch habe die Wirkung verstärkt und bei vier Angehörigen wurde die Frucht erst geweckt. Damit war bei 80 Prozent das Gespräch hilfreich und wichtig. Bei 20 Prozent

wäre nach Einschätzung des Seelsorgers die Frucht ohne Nachgespräch verloren gegangen.

Bei drei Befragungen war nach dem Empfinden der Interviewer *keine Aktivierung möglich*. Als Gründe dafür wurden Kirchendistanz und die diffuse Situation beim Nachgespräch benannt. Einmal gab es auch die Antwort, dass Interview *hat das Gespräch zwischen den Angehörigen gefördert.*

2.4.3 **Einsichten (Ergebnisse):**

Bisherige Untersuchungen[23] zeigen bereits, dass Angehörige eine Begleitung beim Abschiednehmen und am Totenbett als stärkende und stützende Erfahrung beschreiben.

Zu diesem Ergebnis kommt auch die vorliegende exemplarische Erhebung. Sie zeigt eindeutig, dass es in der Zeit der Sterbetrauer und zu Beginn der Todestrauer ein Begleitritual braucht und dass dieses von den Menschen auch angefordert bzw. sehr gerne angenommen wird, wenn es die Seelsorge anbietet. **Im Ergebnis kann damit das Fragezeichen im Titel der Arbeit hinter dem Satz „Behütet und getröstet wunderbar" in ein Ausrufezeichen geändert werden.**

Zusammenfassend können als wesentliche Einsichten festgehalten werden:

1. ***Es braucht in der Zeit der Sterbetrauer und zu Beginn der Todestrauer ein Ritual, um diesen Übergang zu gestalten.***

2. ***Bei diesem Ritual noch einmal selbst aktiv zu werden, etwas tun dürfen und können wird als besonders tröstend hervorgehoben.***

3. ***Symbole zur Erinnerung, die das Hinausführen aus dem Ritual begleiten (vgl. S. 19) sind wichtige Stützen in der ersten Zeit der Trauer.***

4. ***Der Sterbesegen wird als Ritual im Sterben akzeptiert und angenommen. Außerdem ist er im Sterben und bei bereits Verstorbenen möglich. Im Rahmen der vorliegenden Erhebung***

---

[23] Z. B. Weiser, P., Trauerreaktionen. Eine empirische Studie zur Untersuchung von Trauerreaktionen in der Bundesrepublik Deutschland, in: Johannes-Gutenberg-Universität Mainz, Interdisziplinärer Arbeitskreis Thanatologie (Hg.), Beiträge zur Thanatologie, 26/2003.

wurde von den Angehörigen nicht nach der Krankensalbung sondern nach einer Begleitung im Sterben gefragt.[24]

Zwei Rückmeldungen aus Würzburg zeigen darüber hinaus, dass der Sterbesegen bewusst gewählt wurde, nachdem die Krankensalbung schon vor einiger Zeit empfangen wurde bzw. nicht den erhofften „Trost" gebracht hat.

5. ***Wenn die Krankensalbung in der Zeit der Sterbetrauer (danach ist sie sakramententheologisch nicht mehr möglich) gespendet wird, dann muss sie zur „Letzten Ölung" werden, d. h. ergänzt um das persönliche Segenselement, sowie Formulierungen, die den Übergang deutlich machen.***[25]

---

[24] Allerdings ist keiner der drei an der Erhebung beteiligten Seelsorger Priester und hätte von sich aus keine Krankensalbung anbieten können sondern einen Kollegen einbinden müssen.

[25] Vgl. dazu Weiher, E., Wenn die Krankensalbung zur Letzten Ölung wird, in: Burkhardt, J. u.a., a.a.O. S. 87 - 89 und seine Ausführungen zur Salbung und zum Abschluss des Ritus in: Weiher, E. (1999), a.a.O., S. 86 - 87.

2.4.4 **Folgerungen (erste Schritte):**

Die Erhebung zeigt, dass der Sterbesegen als Abschiedsritual für die Angehörigen in der ersten Zeit der Trauer eine tröstliche Wirkung hat. Das Ausrufezeichen hinter dem Titel kann nach der Auswertung wirklich eindeutig gesetzt werden.

Konkrete Änderungen bzgl. des Ritus wurden nicht benannt. Damit liegen die Folgerungen im Bereich der Sensibilisierung, Förderung und Verbreiterung dieser Form des Abschiedsrituals.

Dazu werden verschiedene Felder in den Blick genommen. Als inhaltliche Grundlage dienen dabei eine Präsentation zur Erhebung mit Erläuterungen zum Triptychon der Trauer und die Vorstellung der Ergebnisse.

1. Seelsorgekonferenz

Im Dekanat Göppingen-Geislingen finden mehrmals im Jahr Seelsorgekonferenzen mit allen Mitarbeiter/-innen in der Pastoral (Priester, Diakone, Pastoral- und Gemeindereferenten) sowie den Fachdienstleitern verschiedener Einrichtungen (z. B. Schuldekanen) statt. Bei jeder Konferenz gibt es einen inhaltlichen Schwerpunkt. Beim Termin im November 2017 wird dies das Thema „Chancen und Möglichkeiten ritueller Begleitung von Sterbenden“ sein. Die inhaltliche Hinführung erfolgt durch die Präsentation. Anschließend gibt es Zeit, um darüber ins Gespräch zu kommen.

Es soll dabei die Notwendigkeit der rituellen Begleitung in der Sterbezeit herausgestellt, sowie den Mitarbeiter/-innen die Chancen für die Pastoral deutlich gemacht werden. Es geht darum klar zu machen, dass kirchliche Kompetenz schon vor der Gestaltung der Trauerfeier notwendig und gefragt ist.

Außerdem soll die notwendige Differenzierung von Sterbesegen und Krankensalbung bzw. der Krankensalbung als „Letzte Ölung“ herausgearbeitet werden, um die anwesenden Priester für diese Thematik zu sensibilisieren.

Von ihnen als Spender des Sakraments hängt die Kraft der Trostwirkung entscheidend ab.

Diese Konferenz dient als Probelauf für die Behandlung des Themas in größeren Kontexten, z. B. bei der Arbeitsgemeinschaft der Krankenhaus- und Kurseelsorge oder im Rahmen von Angeboten des Institutes für Fort- und Weiterbildung in Rottenburg.

2. Einführung bzw. Ausbau der Abschiedskultur mit Abschiedsriten in Klinik und Pflegeheimen durch Evaluation der bestehenden Formen und Fortbildung zur rituellen Begleitung im Sterben.

Der Autor ist neben der Gemeindeseelsorge als Klinik und Pflegeheimseelsorger tätig. Damit ergibt sich die Möglichkeit, auch in anderen Bereichen der Pastoral die Thematik „Gestaltung des Abschieds" einzubringen.

Ein erster Schritt ist eine Bestandsaufnahme in den verschiedensten Einrichtungen: Wie steht es um die Begleitung Sterbender? Welche Abläufe werden in den Häusern bisher praktiziert? Wie steht es um Riten der Begleitung?

Danach muss eine gezielte Information zum Triptychon der Trauer mit der Notwendigkeit zur rituellen Begleitung im Sterben erfolgen (ebenfalls durch die Präsentation). Dabei fließen dann die Ergebnisse der Erhebung mit ein.

Ein letzter Schritt ist dann die Einführung bzw. der Ausbau einer Abschiedskultur in welcher die rituelle Begleitung in der Sterbetrauer zur Moderation von Trittsteinen den Schwerpunkt bildet.

Dafür muss an jedem Ort eine entsprechende Arbeitsgruppe gebildet werden, die jeweils die spezifischen Merkmale für jedes Haus erarbeitet. Der Autor steht dabei als Berater zur Verfügung. Für die Umsetzung der jeweiligen Schritte sind aber die Kräfte der jeweiligen Einrichtung notwendig und verantwortlich.

Die Struktur und Organisation der entsprechenden Häuser (Klinik und Pflegeheime) ist sehr unterschiedlich: Die Klinik ist ein Standort eines Klinikverbundes mit zurzeit rund 140 Betten in zwei Abteilungen (Innere und Chirurgie). Dazu kommen eine Zentrale Notaufnahme, eine Intensivstation und eine Palliativstation.

Die insgesamt fünf Pflegeheime im Seelsorgebereich des Autors sind ebenfalls sehr unterschiedlich geprägt. Die Einrichtungen haben 18, 40, 54, 93 bzw. 120 Plätze und sind damit schon von der Größe her nicht vergleichbar. Zwei der Häuser haben einen kirchlichen Träger (54 und 120 Plätze), eines einen Träger der freien Wohlfahrtspflege (40 Plätze) und zwei sind privat geführt (18 und 93 Plätze). In vier von fünf Heimen ist bereits ein Hospizdienst zur Sterbebegleitung eingebunden.

Sowohl in der Klinik als auch in den Pflegeheimen bestehen jetzt über viele Jahre sehr gute Kontakte, so dass die Umsetzung der o. g. Schritte, auch in Zusammenarbeit mit den Fortbildungsträgern der jeweiligen Häuser gut möglich ist.

Die Durchführung und die Auswertung der hier beschriebenen ersten Schritte war nicht mehr Inhalt dieser Arbeit.

Literaturverzeichnis

- ✓ Bischöfliches Ordinariat der Diözese Rottenburg-Stuttgart, Hauptabteilung IV Pastorale Konzeption (Hg.), Handreichung zum Sterbesegen. Arbeitshilfe 01-2012, Rottenburg 2012.
- ✓ Burkhardt, Jürgen / Krebsbach, Rita / Rüdesheim, Christoph (Hg.), Jedes Sterben ist ein Riss. Seelsorge in der Begegnung mit Trauernden, Ostfildern 2016.
- ✓ Diözese Würzburg, Die Feier des Sterbesegens. Eine liturgische Handreichung für die Kranken- und Altenseelsorge im Bistum Würzburg, Würzburg [3]2014.
- ✓ Lebendige Seelsorge, Heft 4/2009, Spiritualität in Krankheit und Sterben.
- ✓ Rechenberg-Winter, Petra / Fischinger, Esther, Kursbuch Systemische Trauerbegleitung, Göttingen 2010.
- ✓ Smeding, Ruthmarijke, Das Triptychon der Trauer, in: Die Hospiz-Zeitschrift 2/2012, S. 6-11.
- ✓ Weiher, Erhard, Die Religion, die Trauer und der Trost. Seelsorge an den Grenzen des Lebens, Mainz 1999.
- ✓ Weiser, Prisca, Trauerreaktionen. Eine empirische Studie zur Untersuchung von Trauerreaktionen in der Bundesrepublik Deutschland, in: Johannes-Guten-berg-Universität Mainz, Interdisziplinärer Arbeitskreis Thanatologie (Hg.), Beiträge zur Thanatologie, 26/2003.

Printed by Books on Demand GmbH, Norderstedt / Germany